Tú tienes una **nariz**.

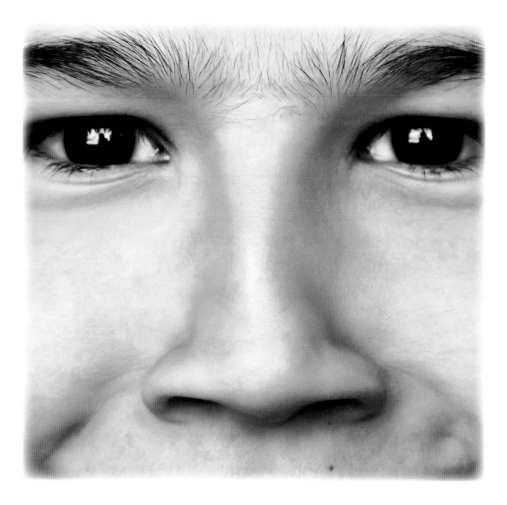

Está entre tus ojos.

MI CUERPO
MI CUERPO TIENE UNA
NARIZ

AMY CULLIFORD

Traducción de Milly Blanco

Un libro de Las Raíces Plus de Crabtree

CRABTREE
Publishing Company
www.crabtreebooks.com

Apoyos de la escuela a los hogares para cuidadores y maestros

Este libro ayuda a los niños en su desarrollo al permitirles practicar la lectura. Abajo están algunas preguntas guía para ayudar al lector a fortalecer sus habilidades de comprensión. En rojo hay algunas opciones de respuesta.

Antes de leer:
- ¿De qué pienso que tratará este libro?
  - *Pienso que este libro trata sobre mi nariz.*
  - *Pienso que este libro trata sobre cómo huele mi nariz.*
- ¿Qué quiero aprender sobre este tema?
  - *Quiero aprender sobre mis fosas nasales tienen pelos adentro.*
  - *Quiero aprender sobre estornudo por la nariz.*

Durante la lectura:
- Me pregunto por qué...
  - *Me pregunto por qué a veces se me tapa la nariz.*
  - *Me pregunto por qué solo tengo dos fosas nasales.*
- ¿Qué he aprendido hasta ahora?
  - *Aprendí que mi nariz me ayuda a oler cosas.*
  - *Aprendí que mi nariz me ayuda a respirar aire.*

Después de leer:
- ¿Qué detalles aprendí de este tema?
  - *Aprendí que las personas respiran rápido cuando corren y despacio cuando duermen.*
  - *Aprendí que hay diferentes tipos de olores.*
- Lee el libro una vez más y busca las palabras del vocabulario.
  - *Veo las palabras **fosas nasales** en la página 8 y la palabra **congestionada** en la página 16. Las demás palabras del vocabulario están en la página 23.*

Es parte de tu cara.

Las narices pueden ser grandes o pequeñas.

Tu nariz tiene
dos **fosas nasales**.

Te ayudan a entrar
y dejar salir el aire.

¡Tu nariz te ayuda a **respirar**!

Algunas veces nosotros respiramos rápido.

Algunas veces nosotros respiramos despacio.

Algunas cosas hacen **estornudar** nuestra nariz.

Nuestra nariz también puede estar **congestionada**. Sophia tiene un resfriado.

Tu nariz te ayuda a **oler** cosas.

Algunas cosas
huelen mal.

¡Algunas cosas huelen bien!

Lista de palabras
Palabras básicas

aire	entre	pequeñas
algunas veces	es	resfriado
ayuda	estar	rápido
ayudan	grandes	ser
cara	hacen	tiene
cosas	mal	tu
de	nosotros	tú
dejar	nuestra	un
dos	o	y
	ojos	

Palabras para conocer

congestionada   **estornudar**

fosas
nasales   **nariz**

oler   **respirar**

MI CUERPO
MI CUERPO TIENE UNA
NARIZ

Written by: Amy Culliford
Translation to Spanish: Milly Blanco
Designed by: Rhea Wallace
Series Development: James Earley
Proofreader: Janine Deschenes
Educational Consultant: Marie Lemke M.Ed.

Photographs:
Shutterstock: Groundback Ateller: cover, p. 1; Ty Lim: p. 3; Yulia Cherry:
p. 4; Rido: p. 5; Miramiska: p. 7; Deyan Georglev: p. 8; Fizkes: p. 9;
Yuliya Eustrateriko; Anurak Pongpatiment: p. 12; Vadym Postukh:
p. 13; Gundam_AI; p. 15; Prostock_studio: p. 16; sirtravelalot: p. 17;
pictor picture: p. 19

Library and Archives Canada
Cataloguing in Publication

CIP available at Library and Archives Canada

Library of Congress
Cataloging-in-Publication Data

CIP available at Library of Congress

Crabtree Publishing Company

www.crabtreebooks.com   1-800-387-7650

Copyright © 2023 **CRABTREE PUBLISHING COMPANY**

All rights reserved. No part of this publication may be reproduced, stored in a retrieval system or
be transmitted in any form or by any means, electronic, mechanical, photocopying, recording,
or otherwise, without the prior written permission of Crabtree Publishing Company. In Canada:
We acknowledge the financial support of the Government of Canada through the Canada Book
Fund for our publishing activities.

Published in the United States
Crabtree Publishing
347 Fifth Avenue, Suite 1402-145
New York, NY, 10016

Published in Canada
Crabtree Publishing
616 Welland Ave.
St. Catharines, ON, L2M 5V6